K-韓国語

基礎

許智仁

HAKUEISHA

はじめに

　「K-韓国語　基礎」は、韓国語講師として長い間いろんな教材を使ってみての経験と今現在韓国語を学ぶ学生が求めている部分を考えて作られた教材です。本書は、はじめて韓国語を学ぶ人を対象にした教材であります。誰でもこの本を使って韓国語の文字や基礎の文法を学ぶことが出来るように簡単な例文や単語を使っています。

　全14課での構成でⅠは文字、Ⅱは文法が中心です。
　大学なら1回90分授業で、週1回授業なら1年で、週2回授業なら半年で終えることを想定しています。

Ⅰ. 文字は、1課から4課にわたって学びます。

　　文字と発音についての内容です。
　　主に文字を書き、覚え、発音することを中心に進めていきます。

Ⅱ. 文法は、1課から10課構成です。

　　各課を2回分の授業で進むように構成されています。
　　基礎的な会話文を中心に文法を学習します。
　　基礎的なあいさつやコミュニケーションが出来るようにします。
　　本書では日常会話でよく使う「ー아/어요」体を中心に学んでいきます。
　　本の最後には、復習や確認のためまとめドリルを載せました。小テストの資料として利用してもいいです。

　最後にこの書籍の出版を快諾くださった博英社の宋炳敏 (ソンビョンミン) 代表取締役をはじめ、編集部担当の Kim Sunkyoung 氏にこの場を借りて心から感謝の意を表したいです。

目次

I 文字

II 文法

I

文字

한글
(ハングル)

「ハングル」は、韓国語の文字の名前であります。

1つの文字には必ず子音と母音が組み合わせて出来ています。

また、初声は子音、中声は母音であります。

初声の子音は 19 個で、平音、濃音、激音、鼻音、流音に分けられます。

中声の母音は基本母音が 10 個、複合母音が 11 個であります。

また、終声がある文字は、最後が子音で終わります。その子音を받침(バッチム) と言います。

#韓国語の仕組み

▌ 初声（子音）＋中声（母音）

① ㅎ＋ㅏ（左右）

H + A	
ㅎ	ㅏ

② ㄱ＋ㅜ（上下）

G + U	ㄱ
	ㅜ

▐ 初声（子音）＋中声（母音）＋終声（子音、받침バッチム）

① ㅎ＋ㅏ＋ㄴ（左右）

H + A + N		
ㅎ	ㅏ	ㄴ

② ㄱ＋ㅜ＋ㄱ（上下）

G + U + K	ㄱ
	ㅜ
	ㄱ

1 初声（子音）＋中声（母音）

① 左右

① ㅇ＋ㅣ	② ㅇ＋ㅓ	③ ㅁ＋ㅏ	④ ㅎ＋ㅐ	⑤ ㅂ＋ㅏ

② 上下

① ㄱ＋ㅗ	② ㄴ＋ㅜ	③ ㄷ＋ㅡ	④ ㄹ＋ㅜ	⑤ ㅁ＋ㅠ

2 初声（子音）＋中声（母音）＋終声（子音、받침バッチム）

① 左右

ㅎ＋ㅏ＋ㄴ	ㅁ＋ㅏ＋ㄹ	ㅎ＋ㅐ＋ㅇ	ㄷ＋ㅏ＋ㅂ	ㅊ＋ㅣ＋ㅁ

② 上下

ㄱ＋ㅜ＋ㄱ	ㅆ＋ㅡ＋ㅁ	ㅂ＋ㅗ＋ㄱ	ㅁ＋ㅗ＋ㅇ	ㅇ＋ㅡ＋ㅁ

第1課　基本母音、子音：平音（5）激音（5）濃音（5）

▌ 基本母音10個

☞書く時：上から下に直線または右から左に直線を書きます。
　　　　　左右上下の短い線も直線で書きます。

① **基本母音** ㅏㅑㅓㅕㅗㅛㅜㅠㅡㅣ

　＊は、日本語にない母音。よく聞いて発音してみましょう。

基本母音	ㅏ	ㅑ	＊ㅓ	＊ㅕ	ㅗ	ㅛ	ㅜ	ㅠ	＊ㅡ	ㅣ
発音	a	ya	eo	yeo	o	yo	u	yu	eu	i

＊

ㅏ［a］日本語のアとほぼ同じ	ㅑ［ya］日本語のヤとほぼ同じ
＊ㅓ［eo］口を軽く開いてオ	＊ㅕ［yeo］口を軽く開いてヨ
ㅗ［o］日本語のオとほぼ同じ	ㅛ［yo］日本語のヨとほぼ同じ
ㅜ［u］日本語のウとほぼ同じ	ㅠ［yu］日本語のユとほぼ同じ
＊ㅡ［eu］口を横に広げてウ	ㅣ［i］日本語のイとほぼ同じ

練習　基本母音を書きながら発音しましょう。

①									
②									

③									
④									

練習　子音 [○] ＋ 基本母音を発音してみましょう。

① 아이

② 오이

③ 우유

④ 요이

⑤ 이유

⑥ 우아

⑦ 이야

⑧ 어여

⑨ 어이

⑩ 아이우에오

💬 会話・あいさつ

* −ㅂ니다/습니다体：かしこまった表現

안녕하십니까? （こんにちは。）

저는 _____라고 합니다.

（私は＿＿です。＿＿は、自分の名前を入れます。）

「−ㅂ니다/습니다体」

안녕하<u>십니까</u>? （こんにちは。）

저는 _____입니다.

（私は ____ です。____ は、自分の名前を入れる）

일본 사람<u>입니다</u>. （日本人です。）

만나서 반갑<u>습니다</u>. （会えてうれしいです。）

２ 子音： 平音（5）激音（5）濃音（5）

子音は初声または終声で出て、初声に出るのは19個があります。

終声の時は、もっと数が多いが発音は7つに分けられます。

また、子音は、5つに分類されます。

子音の分類

平音	ㄱ ㄷ ㅂ ㅅ ㅈ
濃音	ㄲ ㄸ ㅃ ㅆ ㅉ
激音	ㅋ ㅌ ㅍ ㅊ ㅎ
鼻音	ㅁ ㄴ ㅇ
流音	ㄹ

① 平音

平音はさりげなく発音すればいいです。

平音の【ㄱ ㄷ ㅂ ㅈ】は、聞こえる時、文字の語頭の発音は［g、d、b、j］で表記するが［k、t、p、ch］に聞こえます。

☆ 例

고기　[kogi]　　고구마　[koguma]　　부부　[pubu]

두부　[tubu]　　비빔　[pibim]　　자기　[chagi]

平音の発音を覚えましょう。

平音	ㄱ	ㄷ	ㅂ	ㅅ	ㅈ
発音	g	d	b	s	j

練習 **平音を書きながら覚えましょう。**

① 平音					
発音					
② 平音					
発音					
③ 平音					
発音					

子音に続いて書く母音は、右に書くものと下に書くものに分けられます。

練習 **平音＋基本母音 [ㅏ・ㅗ] を組み合わせて発音しましょう。**

ㅏ	ㄱ + ㅏ	ㄷ + ㅏ	ㅂ + ㅏ	ㅅ + ㅏ	ㅈ + ㅏ
書き					
発音					
ㅗ	ㄱ + ㅗ	ㄷ + ㅗ	ㅂ + ㅗ	ㅅ + ㅗ	ㅈ + ㅗ
書き					
発音					

練習 **平音＋基本母音を組み合わせて発音してみましょう。**

① ㄷ + ㅏ　　　② ㅂ + ㅗ

③ ㄱ + ㅑ　　　④ ㅈ + ㅛ

⑤ ㅅ + ㅓ　　　⑥ ㅂ + ㅜ

⑦ ㅅ + ㅕ　　　⑧ ㅈ + ㅠ

⑨ ㄱ + ㅣ　　　⑩ ㄷ + ㅜ

②　激音

激音は、平音より激しく息を吐きながら発音します。

激音	ㅋ	ㅌ	ㅍ	ㅊ	ㅎ
発音	k	t	p	ch	h

練習 **激音を書きながら覚えましょう。**

① 激音					
発音					
② 激音					
発音					
③ 激音					
発音					

練習 **激音＋基本母音 [ㅏ・ㅗ] を組み合わせて発音しましょう。**

ㅏ	ㅋ + ㅏ	ㅌ + ㅏ	ㅍ + ㅏ	ㅊ + ㅏ	ㅎ + ㅏ
書き					
発音					
ㅗ	ㅋ + ㅗ	ㅌ + ㅗ	ㅍ + ㅗ	ㅊ + ㅗ	ㅎ + ㅗ
書き					
発音					

練習　激音＋基本母音を組み合わせて発音しましょう。

① ㅋ ＋ ㅏ　　　　　　② ㅍ ＋ ㅗ

③ ㅌ ＋ ㅑ　　　　　　④ ㅌ ＋ ㅛ

⑤ ㅊ ＋ ㅓ　　　　　　⑥ ㅊ ＋ ㅜ

⑦ ㅋ ＋ ㅕ　　　　　　⑧ ㅎ ＋ ㅠ

⑨ ㅌ ＋ ㅣ　　　　　　⑩ ㅎ ＋ ㅡ

③　濃音

平音を重ねた形です。発音は小さな「ッ」があるように意識して発音します。

濃音	ㄲ	ㄸ	ㅃ	ㅆ	ㅉ
発音	kk	tt	pp	ss	jj

練習　濃音を書きながら覚えましょう。

① 濃音					
発音					
② 濃音					
発音					
③ 濃音					
発音					

練習 濃音＋基本母音 [ㅏ・ㅗ] を組み合わせて発音しましょう。

ㅏ	ㄲ + ㅏ	ㄸ + ㅏ	ㅃ + ㅏ	ㅆ + ㅏ	ㅉ + ㅏ
書き					
発音					
ㅗ	ㄲ + ㅗ	ㄸ + ㅗ	ㅃ + ㅗ	ㅆ + ㅗ	ㅉ + ㅗ
書き					
発音					

練習 濃音＋基本母音を組み合わせて発音してみましょう。

① ㅉ ＋ ㅏ   ② ㅃ ＋ ㅗ

③ ㄸ ＋ ㅑ   ④ ㅆ ＋ ㅛ

⑤ ㄸ ＋ ㅓ   ⑥ ㅃ ＋ ㅜ

⑦ ㄲ ＋ ㅕ   ⑧ ㅉ ＋ ㅠ

⑨ ㅉ ＋ ㅣ   ⑩ ㅆ ＋ ㅡ

💬 会話・あいさつ

「-ㅂ니다/습니다体」

① 안녕하십니까? (こんにちは。)

② 저는 _____입니다. (私は__です。)

   または、

   제 이름은 _____입니다.

   (私の名前は__です。__は、自分の名前を入れます。)

第2課 複合母音、子音（鼻音、流音）

Ⅰ 複合母音（11）： 基本母音に直線を加えて、組み合わせた母音です。

☞ 形は違うが、発音はほとんど同じなので、本書では１つの発音にまとめて学習します。

[e] ㅔ,ㅐ ／ [ye] ㅖ,ㅒ ／ [we] ㅙ,ㅚ,ㅞ

複合母音	ㅔ	ㅖ	ㅐ	ㅒ	ㅘ	ㅙ	ㅚ	ㅝ	ㅞ	ㅟ	ㅢ
発音	e	ye	e	ye	wa	we	we	wo	we	wi	ui

ㅔ、ㅐ	日本語の「エ」とほぼ同じ	ㅖ、ㅒ	日本語の「イエ」とほぼ同じ
	+ ㅏ ［a］→ ㅘ［wa］		+ ㅓ ［eo］→ ㅝ［weo］
ㅗ［o］	+ ㅐ ［e］→ ㅙ［we］	ㅜ［u］	+ ㅔ ［e］→ ㅞ［we］
	+ ㅣ ［i］→ ㅚ［we］		+ ㅣ ［i］→ ㅟ［wi］

☞ ㅢ［ui］

의の発音は位置や意味によって３つの通りに発音される。

① 語頭で [의] [ui]

例 의자 [uija] 의사 [uisa] 의미 [uimi]

② 語頭以外で ［의］[ui] または [이]［i］

例 자의 [zai] 사의 [sai]

③ 助詞「の」の時は、［e］

例 너의 [neoe]

複合母音を書きながら発音しましょう。

① 母音									
発音									
② 母音									
発音									
③ 母音									
発音									
④ 母音									
発音									

練習 子音＋複合母音を組み合わせて発音してみましょう。

① ㄲ + ㅐ
② ㅌ + ㅕ
③ ㅈ + ㅟ
④ ㅍ + ㅖ
⑤ ㅅ + ㅐ
⑥ ㄷ + ㅚ
⑦ ㄷ + ㅙ
⑧ ㅈ + ㅐ
⑨ ㅎ + ㅘ
⑩ ㅍ + ㅒ

💬 会話・あいさつ

「-ㅂ니다/습니다体」

안녕하<u>십니</u>까? （こんにちは。）

저는 ＿＿＿＿＿＿입니다.

（私は＿です。＿は、自分の名前を入れる）

일본 사람<u>입니다</u>. （日本人です。）

만나서 반갑<u>습니다</u>. （会えてうれしいです。）

ᄅ 子音：鼻音（3）、流音（1）

① 鼻音：鼻から息が抜けるような音です。

鼻音	発音	
ㄴ	[n]	日本語の「ナ」行とほぼ同じ
ㅁ	[m]	日本語の「マ」行とほぼ同じ
ㅇ	[ng]	初声の時は、音無し。母音の発音に従う

練習　鼻音を書きながら覚えましょう。

①鼻音	発音	②鼻音	発音	③鼻音	発音	④鼻音	発音

練習　鼻音＋基本母音［ㅏ・ㅗ］を組み合わせて発音してみましょう。

ㅏ	ㄴ＋ㅏ	ㅁ＋ㅏ	ㅇ＋ㅏ
書き			
発音			
ㅗ	ㄴ＋ㅗ	ㅁ＋ㅗ	ㅇ＋ㅗ
書き			
発音			

練習　次の単語を書き、読んでみましょう。

① 비누　　　② 나라　　　③ 하나　　　④ 모자

⑤ 묘　　　　⑥ 요　　　　⑦ 미아　　　⑧ 두유

⑨ 우유　　　⑩ 주머니　　⑪ 나무　　　⑫ 제니

②　流音

流音	発音
ㄹ	［ r 、l ］ 　　 日本語の「ラ」行とほぼ同じ

練習 流音を書きながら覚えましょう。

① 流音	発音	② 流音	発音	③ 流音	発音	④ 流音	発音

練習 流音＋基本母音 [ㅏ・ㅗ] を組み合わせて発音してみましょう。

	ㄹ + ㅏ		ㄹ + ㅗ	
書き				
発音				

練習 次の単語を書いて発音してみましょう。

① 미래　　　② 노래　　　③ 나라　　　④ 모래

⑤ 모레　　　⑥ 오리　　　⑦ 유리　　　⑧ 도로

⑨ 머리　　　⑩ 무리　　　⑪ 리사　　　⑫ 로제

🗨 会話・あいさつ

「-아/어요体」

안녕하세요? （こんにちは。）
저는 ＿＿＿＿＿＿예요/이에요.
（私は＿です。＿は、自分の名前を入れる）
일본 사람이에요. （日本人です。）
만나서 반가워요. （会えてうれしいです。）
잘 부탁해요. （よろしくお願いします。）

① 終声のとき、子音の発音は 7 つに分けられます。

日本語のなかでは「ン」にあたります。

ㄱ［k］の発音は、小さな「ッ」を意識はするもののはっきり発音はしません。

ㅁ［m］とㅂ［p］の発音は、口を閉じて発音します。

	代表音	同じ発音の子音 （終声・받침バッチム）	例
ㄱ	k	ㄱ ㄲ ㅋ	박［bak］ 밖［bak］ 볶이［doki］
ㄴ	n	ㄴ	반［ban］ 산［san］ 눈［nun］
ㄷ	t	ㄷ ㅌ ㅅ ㅆ ㅈ ㅊ ㅎ	받［bat］ 밭［bat］ 낮［nat］ 옷［ot］ 있［it］
ㄹ	ℓ	ㄹ	발［bal］ 달［dal］ 일［il］
ㅁ	m	ㅁ	밤［bam］ 김치［kim-chi］
ㅂ	P	ㅂ ㅍ	밥［bap］ 잎［ip］ 앞［ap］ 집［jip］
ㅇ	ng	ㅇ	방［bang］ 빵［pang］ 강［gang］ 탕［tang］

また、鼻音の「ㄴ、ㅁ、ㅇ」の発音は、日本語の「ン」に当てはめようとする傾向があるので、その違いをよく聞き、発音しましょう。

ㄴ［n］	あんない（案内） さんのみや（三宮）	산［san］ 반［ban］
ㅁ［m］	あんぴ（安否） しんぶん（新聞）	삼［sam］ 밤［bam］
ㅇ［ng］	あんこう	상［sang］ 방［bang］

練習 次の単語を書き、発音をしなさい。

1	꽃	11	각목	21	산노미야	31	농장
2	멋	12	목걸이	22	남바	32	병원
3	맛	13	책상	23	롯코	33	최고
4	빛	14	공책	24	블랙핑크	34	자랑
5	빅	15	딸기	25	방문	35	주인공
6	밖	16	옆	26	정말	36	방탄
7	밭	17	룰루랄라	27	동물	37	대화
8	상처	18	날짜	28	떡볶이	38	건강
9	콩밭	19	찍먹	29	달걀찜	39	몽블랑
10	봄날	20	날씨	30	치즈떡볶이	40	정답

② 2つ文字バッチム(받침)

バッチムが２つの場合、基本的にはㄱㄴㄷㄹ…順の早い方を発音します。

例 닭 [닥]　값[갑]　여덟 [여덜]

★ 例外

삵 [삭]

「例外」右を読む		
ㄱ[k]	ㅁ[m]	ㅍ[p]
ㄺ	ㄻ	ㄿ

練習 次の文字を書き、読んでください。

① 앉다	⑦ 닭	⑬ 맑다
② 넓다	⑧ 삶 *	⑭ 밝다
③ 없다	⑨ 값	⑮ 핥다
④ 않다	⑩ 싫다	⑯ 읊다 *
⑤ 읽다	⑪ 몫	⑰ 넋
⑥ 잃다	⑫ 여덟	⑱ 외곬

練習 子音＋基本母音 [｜] を発音してみましょう。

① 가 ② 나 ③ 다 ④ 라 ⑤ 마 ⑥ 바 ⑦ 사
⑧ 아 ⑨ 자 ⑩ 차 ⑪ 카 ⑫ 타 ⑬ 파 ⑭ 하
⑮ 까 ⑯ 따 ⑰ 빠 ⑱ 싸 ⑲ 짜

練習 子音＋基本母音を書き発音してみましょう。

① + ⊥								
発音								
+ ⊥								
発音								
② + ｜								
発音								
+ ｜								
発音								

練習 　基本母音と発音を書き発音を覚えましょう。

基本母音	ㅏ	ㅑ	*ㅓ	*ㅕ	ㅗ	ㅛ	ㅜ	ㅠ	*ㅡ	ㅣ
発音	a	ya	eo	yeo	o	yo	u	yu	eu	i
① 基本母音										
発音										
② 基本母音										
発音										
③ 基本母音										
発音										
④ 基本母音										
発音										
⑤ 基本母音										
発音										

練習 　子音「　」＋基本母音を書き発音を覚えましょう。

	ㅏ	ㅑ	*ㅓ	*ㅕ	ㅗ	ㅛ	ㅜ	ㅠ	*ㅡ	ㅣ
発音	a	ya	eo	yeo	o	yo	u	yu	eu	i
① ㅈ ＋										
発音										
② ㅋ ＋										
発音										
③ ㅎ ＋										
発音										
④ ㄷ ＋										
発音										
⑤ ㅍ ＋										
発音										

練習 **複合母音発音を書き発音を覚えましょう。**

複合母音	ㅔ	ㅖ	ㅐ	ㅒ	ㅘ	ㅙ	ㅚ	ㅝ	ㅞ	ㅟ	ㅢ
発音	e	ye	e	ye	wa	we	we	wo	we	wi	ui
① 複合母音											
発音											
② 複合母音											
発音											
③ 複合母音											
発音											
④ 複合母音											
発音											
⑤ 複合母音											
発音											

練習 **子音「　　」＋複合母音を書き発音を覚えましょう。**

複合母音	ㅔ	ㅖ	ㅐ	ㅒ	ㅘ	ㅙ	ㅚ	ㅝ	ㅞ	ㅟ	ㅢ
発音	e	ye	e	ye	wa	we	we	w	we	wi	ui
① ㄹ＋											
発音											
② ㅂ＋											
発音											
③ ㄹ＋											
発音											
④ ㅁ＋											
発音											
⑤ ㄱ＋											
発音											

次の単語を読んでみましょう。子音＋母音

1	구두	11	치마	21	보기	31	추위
2	고기	12	드라마	22	그대	32	주의
3	대나무	13	노래	23	화제	33	세계
4	모자	14	가수	24	재주	34	세개
5	돼지	15	포도	25	사죄	35	교과서
6	도라지	16	우표	26	사과	36	휴지
7	토끼	17	버터	27	과자	37	대화
8	미소	18	최고	28	자리	38	쓰레기
9	소리	19	이미	29	귀	39	오빠
10	지우개	20	쓰기	30	뒤	40	코

練習 次の単語を読んでみましょう。

子音＋母音＋子音 (받침バッチム)

1	과학	11	잡지	21	본보기	31	추적
2	공기	12	드럼	22	그동안	32	관심
3	대학생	13	노동	23	화성	33	세번
4	모금	14	가곡	24	죄송	34	벌써
5	영재	15	포동	25	사장	35	발레
6	도장	16	우체국	26	평소	36	바이올린
7	진학	17	본인	27	초등	37	남매
8	미용	18	최선	28	재학	38	형제
9	소장	19	감동	29	귀걸이	39	거실
10	직접	20	받기	30	뒷모습	40	급행

第4課	発音の法則（連音化、濃音化、激音化、鼻音化） 日本語の韓国語表記	

■ 発音の法則：終声（받침）があるとき発音の変化がおきます。

① 連音化

ⅰ．バッチムが１つの時

> 終声（バッチム）の発音は、続きに来る初声が「ㅇ（音無し）」の場合に、その終声（バッチム）の音を後ろの「ㅇ（音無し）」に移動して発音する「連音化」が起きます。
>
> 例　국어　：구ㄱ→어→〔구거〕
>
> 　　발음　：바ㄹ→음［바름］
>
> 　　일본어　：일보ㄴ→어［일보너］

★「例外」

① 終声が子音「ㅇ」の場合は、文字通りにそのまま発音します。

終声［ㅇ］+ 初声［ㅇ］→ そのまま 終声［ㅇ］+ 初声［ㅇ］

例　생일：［생일］　　　　　영어：［영어］

② 終声が「ㅎ」の場合は、「ㅎ」を発音しません。

終声［ㅎ］+ 初声［ㅇ］→ 終声［ㅎ］+ 初声［ㅇ］

例　좋아：조ㅎ　아　［조아］

　　놓아：노ㅎ　아　［노아］

ⅱ。バッチムが２つ文字の時

バッチムに異なる２つの子音がある時、次の文字の初声が「ㅇ」なら「連音化」します。

その時は、左の子音をバッチムとして発音し、右の子音を次の文字の初声として発音されます。

例 없어요 → 업 ㅅ + 어 → 서 요 ［업서요］

앉아요 → 안 ㅈ + 아 → 자 요 ［안자요］

バッチム２つが同じの場合（濃音）は、２つとも一緒に連音して発音されます。

例 있어요 → ［이써요］ 갔어 → ［가써］

떡볶이 → ［떡보끼］

📖 練習 次の単語を書き、その発音も書いて読んでみましょう。

1	국어	11	병원	21	오징어	31	넓어
2	본인	12	금액	22	경우	32	좁아
3	물어	13	확인	23	동영상	33	젊어
4	단어	14	촬영	24	고양이	34	있어
5	범인	15	음악	25	강아지	35	싫어
6	잊어	16	혈액	26	생일날	36	없어
7	웃음	17	일요일	27	통역	37	알았어
8	울음	18	월요일	28	응원	38	갔어
9	옷걸이	19	목요일	29	은행	39	전용
10	독일	20	금요일	30	좋아	40	좋아해

② 濃音化

終声（バッチム）「ㄱ[k] ㄷ[t] ㅂ[p]」＋初声が平音の時、初声を濃音に発音します。

終声「ㄱ[k] ㄷ[t] ㅂ[p]」＋初声　[ㄱ ㄷ ㅂ ㅅ ㅈ]（平音）

↓

→　　　そのまま　　＋初声　[ㄲ ㄸ ㅃ ㅆ ㅉ]（濃音化）

例　학생 → [학쌩]　학교 → [학꾜]

練習　次の単語を書き、その発音も書いて読んでみましょう。

1	독서	11	입다	21	손가락	31	넓다
2	책상	12	듣다	22	숟가락	32	좁다
3	걱정	13	묻다	23	젓가락	33	젊다
4	잡지	14	얻다	24	손수건	34	신다
5	덥다	15	맥주	25	있지	35	비빔밥
6	열심	16	축구	26	있다	36	몇시
7	책상	17	식사	27	없다	37	빨대
8	듣기	18	대학생	28	없지	38	목걸이
9	앉다	19	쉽다	29	늦다	39	같다
10	다음주	20	다음달	30	찾다	40	높다

---

③ 激音化

終声「ㄱ[k] ㄷ[t] ㅂ[p]」の次に初声「ㅎ」が来るとき、
終声「ㅎ」に初声に「ㄷ、ㅈ、ㄱ」が来るときそれぞれの激音に発音します。

ⅰ.「ㅎ」が初声に来る時

終声（バッチム）「ㄱ [k] ㄷ [t] ㅂ [p]」＋初声が「ㅎ」の時、
終声の発音が激音に変わる

　　　　終声　　ㄱ [k] ㄷ [t] ㅂ [p]」＋初声　［ㅎ］
　　　　　　　　　　↓　　↓　　↓
→　　　　　　　　ㅋ　　ㅌ　　ㅍ　（発音が激音化）

例　입학: 이 ㅂ+ㅎ→ ㅍ +ㅏ [이팍]
　　축하: 추 ㄱ+ㅎ→ ㅋ +ㅏ [추카]

ⅱ.「ㅎ」が終声に来る時

　　　　　終声（バッチム）　＋　初声 ㄷ ㅈ ㄱ
　　　　　　　　　　　　　　　　　↓ ↓ ↓
→　　終声ㅎは発音しない　＋　初声 ㅌ ㅊ ㅋ　（激音化）

例　좋다 :　조 ㅎ+ㄷ→　타 [조타]
　　많다 :　만 ㅎ+ㄷ→　타 [만타]

練習　次を読んで、書きましょう。

1	좋고		11	비슷하다	
2	좋지		12	못하다	
3	놓고		13	많고	
4	놓지		14	많지	
5	어떻게		15	싫다	
6	이렇게		16	싫지	
7	그렇게		17	싫고	
8	저렇게		18	못하고	

9	착하지		19	곱하기	
10	착하다		20	백화점	

④ 流音化

```
   終声「ㄴ」＋初声「ㄹ」、終声「ㄹ」＋初声「ㄴ」
→ 終声「ㄹ」＋初声「ㄹ」
例  설날 [설랄]    연락 [열락]
```

練習 **次の単語を読んで、書きましょう。**

1	논리		6	훈련	
2	관리		7	인력거	
3	편리		8	연락	
4	진리		9	언론	
5	윤리		10	인류	

⑤ 鼻音化

1 終声「ㄱ[k] ㄷ[t] ㅂ[p]」の次に初声［ㅁ、ㄴ］が来ると、
終声の発音が［ㅁ、ㄴ、ㅇ］（鼻音）になります。

```
   終声「ㄱ[k], ㄷ[t], ㅂ[p]」    ＋初声 ㅁ, ㄴ
            ↓      ↓      ↓
→  終声「ㅇ[ng], ㄴ[n], ㅁ[m]」 ＋初声 ㅁ, ㄴ   （鼻音化）
例  입니다 [임니다]   합니다 [함니다]
```

2 「ㄱ、ㅁ、ㅂ、ㅇ」+「ㄹ」は、[n] に発音します。

例 국립 [궁닙]　음력 [음녁]　장래 [장내]

3 バッチムの [ㅅ]　+「ㄴ、ㅁ」

バッチムの [ㅅ]　+「이」

→　バッチムの [ㅅ] を [n] に発音します。

例 나뭇잎 [나문닙]

練習　次の単語を書き、発音しなさい。

	ㅂ [p]		ㄱ [k]		ㄱㅁㅂㅇ + ㄹ		バッチムの [ㅅ]
1	합니다	1	국물	1	격려	1	옛날
2	습니다	2	식물	2	심리	2	나뭇잎
3	입니다	3	작년	3	협력	3	거짓말
4	밥맛	4	국내	4	정리	4	콧물
5	법률	5	국민	5	독립	5	핏물

💬 会話・あいさつ : 自己紹介

저는 ＿＿＿＿＿＿대학교 학생이에요.

（私は＿＿＿＿＿＿＿＿大学の学生です。大学の名前を入れる）

学校：　　初等学校（小学校）　中学校（中学校）　高等学校（高校）

　　　　　大学校（大学校）　　大学院（大学院）　学生（学生）

⊇ 日本語のハングル表記

日本語のハングル表記において以下の点を注意しましょう。

① **最初の文字が「カ（k）」行または「タ（t）」行で始まるときは、[平音のㄱ、ㄷ] で書きます。**

> 例 関西（かんさい）：칸사이 → 간사이
> 竹（たけ）타케 → 다게　北（きた）：키타 → 기타

② **長音は表記しないです。**

> 例 大阪（おおさか）：오오사카 → 오사카

③ **「す」は「스」、「つ」は「쓰」に表記します。**

④ **「ん」はバッチムの「ㄴ」、「小さいっ」はバッチムの「ㅅ」に書きます。**

> 例 六甲（ろっこう）：롯코
> 三宮（さんのみや）：산노미야

練習 **日本語を韓国語に変えなさい。**

① 東京　　　　　　　　② 須磨
③ 北海道　　　　　　　④ 別府
⑤ 京都　　　　　　　　⑥ 松本
⑦ 神奈川　　　　　　　⑧ 大阪
⑨ 鳥取　　　　　　　　⑩ 群馬
⑪ 金額時 - 銀閣寺　　　⑫ 通天閣
⑬ 香川　　　　　　　　⑭ 鎌倉
⑮ 千葉　　　　　　　　⑯ 兵庫

日本語のハングル表記

かな	韓国語　[　]語頭	注意点
アイウエオ	아 이 우 에 요	
カキクケコ	[가 기 구 게 고] 카 키 쿠 케 코	
サシスセソ	사 시 스 세 소	「ス」は「스」
タチツテト	[다 지 쓰 데 도] 타 치 쓰 테 토	「ツ」は「쓰」
ナニヌネノ	나 니 누 네 노	
ハヒフヘホ	하 히 후 헤 호	
マミムメモ	마 미 무 메 모	
ヤイユエヨ	야 이 유 에 요	
ラリルレロ	라 리 루 레 로	
ワウヲ	와 우 요	
ガギグゲゴ	가 기 구 게 고	
ザジズゼゾ	자 지 즈 제 조	
ダヂヅデド	다 지 즈 데 도	
バビブベボ	바 비 부 베 보	
パピプペポ	파 피 푸 페 포	
キャキュキョ	[갸 규 교] 카 큐 쿄	
ギャギュギョ	가 규 교	
シャシュショ	샤 슈 쇼	
ジャジュジョ	자 주 조	
チャチュチョ	[자 주 조] 차 추 초	
ニャニュニョ	냐 뉴 뇨	
ヒャヒュヒョ	해 휴 효	
ビャビュビョ	바 뷰 뵤	
ピャピュピョ	퍄 퓨 표	
ミャミュミョ	먀 뮤 묘	
リャリュリョ	랴 류 료	

💬 会話・カーフェで注文するとき

店員：<u>주문</u> 도와드릴게요.
<u>주문</u> 도와드릴까요
뭐 <u>주문</u>하시겠어요?
(ご<u>注文</u>伺います。)

客：아이스 아메리카노 하나하고 치즈 케이크도 하나 주세요.
アイスアメリカン1つとチーズケーキも1つください。

■ 대한민국의 국기 [태극기] (大韓民国の国旗「太極旗（テグッキ）」)

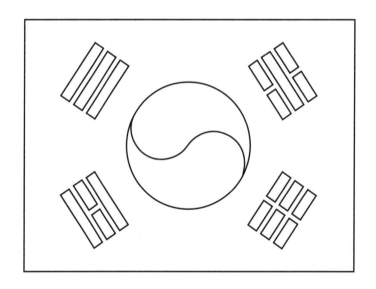

Ⅱ

文法

韓国語の丁寧形は、2つあります。
かしこまった表現の「-ㅂ니다/습니다、ㅂ니까?/습니까?」を「-ㅂ니다/습니다」体、日常会話でよく使う親しい表現の「-예요/이에요 (です)、- 예요?/이에요? (ですか)、- 아/어요 (です、ます)、- 아/어요? (ですか、ますか)」を「-아/어요」体と言います。本書では日常会話でよく使う「-아/어요 (です。ます)」体を中心に学習します。

저는 이우진이에요.　ーです。ですか。

会話 🖊

> ① A:안녕하세요?　저는 이우진이에요.
>
> ② B:안녕하세요?　저는 야마모토 토모히토예요.

訳 🖊

① こんにちは。　私はイ ウジンです。

② こんにちは。　私は山本智仁です。

語彙・表現 🖊

안녕하세요?　こんにちは。(＊ 一日中使います。)

저는　私は　　　‐ 예요/이에요—です。

文法 🖊

1 -예요/이에요.・-예요?/이에요?　—です。・—ですか。

名詞や代名詞につく丁寧形です。

最後の文字が子音か母音で終わるかでつける文字が変わります。

＊疑問文は、最後に「?」マークをつけます。

> バッチムがないとき（中声、母音で終わる）＋　예요. 예요?
>
> バッチムがあるとき（終声、子音で終わる）＋　이에요. 이에요?

☆ 例

① -です。 ー예요./이에요.

이름（名前）：이름(ㄹ,ㅡ,ㅁ) + 이에요.　　　名前です。
학교（学校）：학교(ㄱ,ㅛ) + 예요.　　　　学校です。
저（私）：저(ㅈ,ㅓ) + 예요.　　　　　　私です。

② -ですか。 ー예요?/이에요?

이름（名前）：이름(ㄹ,ㅡ,ㅁ) + 이에요?　　名前ですか。
학교（学校）：학교(ㄱ,ㅛ) + 예요?　　　　学校ですか。
저（私）：저(ㅈ,ㅓ) + 예요?　　　　　　私ですか。

練習 ✐ 次に適切な助詞を書き読んでみましょう。

	名詞	ーです。		名詞	ーです。
1	친구		6	바나나	
2	선생님		7	형	
3	의사		8	호텔	
4	학생		9	한국어	
5	아버지		10	일본	

練習 ✐ 次に適切な語尾を書き読んでみましょう。

	名詞	ーですか。		名詞	ーですか。
1	친구		6	바나나	
2	선생님		7	형	
3	의사		8	호텔	

4	학생		9	한국어	
5	아버지		10	일본	

② -는/은 (助詞) ―は

> バッチムがないとき（中声、母音で終わる） + 는
> バッチムがあるとき（終声、子音で終わる） + 은

⭐ **例**

이름 + 은 : 이름(ㄹ,ㅡ,ㅁ)　　名前は
학교 + 는 : 학교(ㄱ,ㅛ)　　学校は
저　 + 는 : 저(ㅈ,ㅓ)　　私は

練習 ✏️ 次に適切な助詞を書き読んでみましょう。

	名詞	―は		名詞	―は
1	친구		6	바나나	
2	선생님		7	형	
3	의사		8	호텔	
4	학생		9	한국어	
5	아버지		10	일본	

　自己紹介しましょう。

> ① 名前　② 職業　③ 国籍　④ 自由に入力

안녕하세요? 저는 ①_____예요/이에요.

저는 ②_____예요/이에요.

저는 ③_____예요/이에요.

저는 ④_____예요/이에요.

만나서 반가워요. (会えてうれしいです。)

語句

職業	訳	職業	訳	国籍	訳
학생	学生	교사	教師	한국 사람	韓国人
대학생	大学生	회사원	会社員	일본 사람	日本人
공무원	公務員	경영자	経営者	베트남 사람	ベトナム人

친구 友達		바나나 バナナ		미국 사람 アメリカ人
선생님 先生		형 兄		영국 사람 イギリス人
의사 医者		호텔 ホテル		터키 사람 トルコ人
학생 学生		한국어 韓国語		독일 사람 ドイツ人
아버지 父		일본 日本		예요 / 이에요 ―です

지우 씨가 아니에요.　否定形：ーではありません。

① A:저 사람이 지우 씨예요?
② B:아니요, 저 사람은 지우 씨가 아니에요.

訳 🖊

① あの人が　ジウさんですか。
② いいえ、あの人は　ジウさんではありません。

語彙・表現 🖊

저 あの　　사람 人　　-씨 さん　　아니요 いいえ

文法 🖊

1 ―ではありません。名詞の否定形　-가/이 아니에요.

バッチムがないとき(中声、母音で終わる)＋ 가 아니에요.
バッチムがあるとき(終声、子音で終わる)＋ 이 아니에요.

＊疑問文は、最後に？マークをつけます。

練習 🖊　次に適切な否定形を書き、読んでみましょう。

	名詞	―ではありません		名詞	―ではありません
1	친구		6	사과	
2	선생님		7	형	

3	의사		8	호텔	
4	학생		9	한국어	
5	아버지		10	일본	

練習 ✏ 次に適切な否定形の疑問文を書き、読んでみましょう。

	名詞	―ではありませんか。		名詞	―ではありませんか。
1	회사원		6	은행	
2	배우		7	도서관	
3	대학생		8	책	
4	의사		9	공책	
5	변호사		10	연필	

❷ -가/이 （助詞）―が

> バッチムがないとき（中声、母音で終わる）＋ 가
> バッチムがあるとき（終声、子音で終わる）＋ 이

⭐ 例

이름 ＋ 이 ：名前が　　　　학교 ＋ 가 ：学校が

練習 ✏ 次に適切な助詞を書いて読んでみましょう。

	名詞	―が		名詞	―が
1	과일		6	연필	
2	학교		7	책	

3	수업		8	밥	
4	교실		9	옷	
5	차		10	김치	

3 指示詞　　名詞の前に出てその名詞を修飾します。

이	그	저	어느
この	その	あの	どの

＊指示詞と名詞の間は分かち書きます。

⭐ 例

이 책　この本
어느 나라 분이에요?　どの国の方ですか。

会話・応用 ✎

1 下の語句を参考に否定形を使って自己紹介してみましょう。

> ① 名前　② 職業　③ 国籍　④ 自由に入力

저는 ①＿＿＿＿＿＿＿가/이 아니에요.

저는 ②＿＿＿＿＿＿＿가/이 아니에요.

저는 ③＿＿＿＿＿＿＿가/이 아니에요.

저는 ④＿＿＿＿＿＿＿가/이 아니에요.

2 会話文を書いて読んでみましょう。

A： こんにちは。

　　私は＿＿＿＿＿＿＿＿＿＿＿＿＿です。

B： はい、こんにちは。

　　私は＿＿＿＿＿＿＿＿＿＿＿です。

　　a＿＿＿＿＿さんはどこの国の人ですか。

A： 私は＿＿＿＿＿＿＿人です。

語句 ✎

과일 果物	차 茶、車	연필 鉛筆
학교 学校	교실 教室	책 本
수업 授業	옷 服	밥 ご飯
김치 キムチ	아니요 いいえ	아니에요 違います
회사원 会社員	은행 銀行	대학생 大学生
배우 俳優	도서관 図書館	의사 医者
대학생 大学生	책 本	변호사 弁護士

형제가 있어요?　存在詞

---

① A:형제가 있어요?

② B:네, 오빠와 여동생이 있어요.

③ A:오빠는 대학생이에요?

④ B:아니요, 대학생이 아니에요. 회사원이에요.

訳

① 兄弟がいますか。

② はい、兄がいます。

③ 兄は大学生ですか。

④ いいえ、大学生ではありません。会社員です。

語彙・表現

형제　兄弟 네　はい（他に예も同じく使う。）
와/과 – と 오빠　兄（妹からみて）　여동생　妹
대학생　大学生　회사원　会社員

家族に関する単語　가족（家族）

오빠	형	아버지	어머니
兄	兄	父さん	母さん
언니	누나	남동생	여동생
妹から見て姉	弟から見て姉	弟	妹

文法

■ 存在詞　있어요　←→　否定形　없어요

韓国語の存在詞は日本語と違って1つだけです。

ある、いるは있다.　ない、いないは없다です。

＊疑問文は、最後に？マークをつけます。

平叙文	疑問文
있어요 あります。います。	있어요？ ありますか。いますか。
없어요 ありません。いません。	없어요？ ありませんか。いませんか。

練習　存在詞を適切に書き、読んでみましょう。

	平叙文	- が あります・います		平叙文	- は ありません。・いません
1	친구		6	바나나	
2	선생님		7	형	
3	의사		8	호텔	
4	학생		9	한국어	
5	아버지		10	일본	

練習 🖊 存在詞を適切に書き、読んでみましょう。

	疑問文	- が ありますか・いますか		疑問文	- は ありませんか。・いませんか
1	친구		6	바나나	
2	선생님		7	형	
3	의사		8	호텔	
4	차		9	학생	
5	아버지		10	일본	

2 -와/과　（助詞）-と

> バッチムがないとき（中声、母音で終わる）＋ 와
> バッチムがあるとき（終声、子音で終わる）＋ 과

⭐ 例

이름　＋　과　：名前と　　　　학교　＋　와　：学校と

練習 🖊 次に適切な助詞を書き読んでみましょう。

	名詞	ー と		名詞	ー と
1	친구		6	바나나	
2	선생님		7	형	
3	의사		8	호텔	
4	학생		9	한국어	
5	아버지		10	일본	

① 妹はいますか。

_____

② お父さんとお母さん

_____

③ お姉さんはいません。

_____

④ お父さんは医者ではありません。

_____

⑤ 学校はありません。

_____

会話文を書いて読んでみましょう。

A : 저는＿＿＿＿＿＿＿＿＿＿＿＿＿예요/이에요.

　　私は＿＿＿＿＿＿＿＿＿＿＿＿＿＿です。

B : 저는＿＿＿＿＿＿＿＿＿＿＿＿＿예요/이에요.

　　私は＿＿＿＿＿＿＿＿＿＿＿＿です。

　　a＿＿＿＿＿＿씨는 어느 나라 사람이에요?

　　a＿＿＿＿＿＿さんはどの国の人ですか。

A : 저는 ＿＿＿＿＿나라 사람이에요.

　　私は＿＿＿＿＿＿＿＿＿人です。

B : a씨는 형제가 있어요?

　　Aさんは兄弟がいますか。

A : ＿＿＿＿＿＿＿＿＿있어요/없어요

　　＿＿＿＿＿＿＿＿＿＿＿＿＿＿います。・いません。

　　B씨는 형제가 있어요?

　　Bさんは兄弟がいますか。

B : ＿＿＿＿＿＿＿있어요/없어요

　　＿＿＿＿＿＿＿＿＿＿＿＿＿＿います。・いません。

第4課	어디에 가요?　指示詞、位置。

---

① 　A : 지금 어디에 가요?

② 　B : 학교에 가요. 한국어 수업이 있어요.

③ 　A : 저도 지금 학교에 가요.

④ 　B : 동아리 모임이 있어요.

訳 🖊

① 今どこに行きますか。

② 学校に行きます。韓国語の授業があります。

③ 私も今学校に行きます。

④ サークルの集まりがあります。

語彙・表現 🖊

지금 今	어디 どこ	-에 – に	가요 行きます
학교 学校	한국어 韓国語	수업 授業	-도 - も
동아리 サークル	모임 集まり		

文法 🖊

1 指示詞　여기 저기 거기 어디(場所)

여기	거기	저기	어디
ここ	そこ	あそこ	どこ
이	그	저	어느
この	その	あの	どの

⭐ 例

여기가 학교예요.　ここが学校です。

집은 어디예요?　家はどこですか。

그 사람은 어디에 있어요?　その人はどこにいますか。

❷ 位置に関する単語

위	아래	앞	뒤	왼쪽	오른쪽	옆	안	밖
上	下	前	後ろ	左側	右側	横	中・内	外

練習 ✎

① (　　　　　)에 있어요?　中にありますか。

② 회사 (　　　　　)에 무엇이 있어요?　会社の前に何がありますか。

③ 책상 (　　　　　)에는 아무것도 없어요.　机の下には何もありません。

④ 화장실은 (　　　　　)에 있어요.　トイレは左側にあります。

⑤ 교실은 3층 (　　　　　)에 있어요.　教室は３階の右側にあります。

❸ 助詞　-에(-に) -도(-も) バッチムの有無関係なく使います。

①　-에　- に　場所や時間を表します。

②　-도　- も　何かを加えることを表します。

練習 ✎　適切な助詞を書き読んでみましょう。

	名詞	ーに		名詞	ーも
1	오후		6	바나나	
2	화장실		7	형	

3	학교		8	호텔	
4	어디		9	한국어	
5	일본		10	여기	

練習 ✏ **韓国語に書いて読んでみましょう。**

① ホテルはどこですか。

_____

② ここにいます。

_____

③ そこは学校です。

_____

④ トイレはどこですか。

_____

⑤ 今どこですか。

_____

⑥ 今父さんはいますか。

_____

⑦ ここにはいません。

_____

⑧ あそこに本があります。

_____

⑨ 妹も授業がありません。

_____

⑩ どこにいますか。

_____

★ 第3課応用問題参考！

A： こんにちは。私は a＿＿＿＿＿＿＿＿＿＿＿＿＿です。

B： はい、こんにちは。私は b＿＿＿＿＿＿＿＿＿＿＿です。
　　 a＿＿＿＿＿さんはどこの国の人ですか。

A： 私は＿＿＿＿＿＿＿＿人です。

B： a さんは兄弟がいますか。

A： ＿＿＿＿＿＿　はいます。・いません。
　　 B さんは兄弟がいますか。

B： ＿＿＿＿＿＿＿　はいます。・いません。

A： 家はどこですか。

B： ＿＿＿＿＿＿＿です。

第5課　언제예요?　漢数詞

---

① A: 생일이 언제예요?

② B: 6월 24일이에요.

③ A: 몇 년생이에요?

④ B: 2006년생이에요.

訳

① 誕生日がいつですか。

② 6月24日です。

③ 何年生まれですか。

④ 2006年です。

語彙・表現

생일（誕生日）　언제（いつ）　몇（何 -、いくつ）　년생（年生）

＊몇 년（何年）　몇 월（何月）　＊며칠（何日）　　　몇 년생（何年生）

文法

1 漢数詞

数詞は漢数詞と固有数詞があります。

漢数詞は、日本語の「いち、に、さん」にあたります。

言い方も日本語と同じです。

☆ 例

11：じゅう（十）＋いち（一）（日本語）
十（十）　　＋일（一）　（韓国語）

漢数詞 ✏ 0 - 億

0	1	2	3	4	5	6	7	8
영 / 공	일	이	삼	사	오	육	칠	팔
9	10	11	12	99	百	千	万	億
구	십	십일	십이	구십구	백	천	만	억

漢数詞につく助数詞は年 (년)、月 (월)、日 (일)、分 (분)、電話番号 (전화번호)、
階 (층)、番 (번)、学年 (학년)、学期 (학기)、限 (교시)、ページ (페이지)、回 (회)、
人前 (인분)、キログラム (킬로그램)、円 (엔)、ウォン (원)
センチ - メトル (센티미터) などがあります。

注意 ✏

・6月육월ではなく유월、10月は、십월ではなく시월
・1万ウォンを表するときは1をつけない。1(일)万ウォン→ 万ウォン만원
・0の場合、電話番号のときは、「공」を使う。0120 -　　→　공일이공
・「16，26，36…」の発音は［십뉵,이십뉵,삼십뉵…］となります。

練習 ✏ 漢数詞の注意点を参考にして月 (월) を書き読んでみましょう。

1月	2月	3月	4月	5月	6月

7月	8月	9月	10月	11月	12月

2 疑問詞

① 몇 何 - 、いくつ

番号や数量をたずねるときに使います。

⭐ 例

몇 번 버스예요?　何番のバスですか。
몇 인분이에요?　何人前ですか。

② 언제　いつ　時刻や時期などをたずねるときに使います。

⭐ 例

언제 만나요?　いつ会いますか。
콘서트가 언제예요?　コンサーとはいつですか。

練習 ✏️ **日本語を韓国語に、韓国語を日本語に書き、読んでみましょう。**

① 韓国語の授業は何限ですか。授業 (수업)

② 89 ページ (쪽)

③ 教室は 6 階です。

④ 韓国は 3 学期制です。（制 제)

⑤ 175 センチ - メトル

⑥　2학년이에요.

⑦　258번 버스（バス）

⑧　칠십오 킬로그램

⑨　백 인분

⑩　만오천 원

練習 適切な数詞を書き読んでみましょう。

1限	2階	3回	4年	5番	6月
7千	8万	9日	10月	11万円	12分

練習 韓国語に書き、読んでみましょう。

①　こどもの日はいつですか。（こどもの日　어린이날）

②　①の答え：
③　クリスマスはいつですか。（クリスマス　크리스마스）

④　③の答え：
⑤　1月1日 (정월 초하루)

⑥　今日は何年何月何日ですか。（何年何月何日　몇년몇월며칠）

⑦　오늘은 ＿＿＿＿＿＿＿＿＿＿이에요.　今日の日付

⑧　誕生日はいつですか。誕生日（생일）

⑨　생일은 ＿＿＿＿＿＿＿＿＿＿이에요.　自分の誕生日（月月 日日）

⑩　今年の母の日はいつですか。今年（올해）母の日（어머니의 날）

会話・応用 　会話文を完成し、会話の練習してみましょう。

A：안녕하세요? 조희영이에요. B씨의 이름이 뭐예요?
　　こんにちは。ジョヒヨンです。Bさんの名前は何ですか。

B：① 私は＿＿＿＿＿＿＿＿＿です。

A：B 씨는 생일이 언제예요?　(B さんの誕生日がいつですか。)

B：② ＿＿＿＿月＿＿＿＿日です。

A：몇 년생이에요?　何年生まれですか。

B：③ ＿＿＿＿＿＿＿＿＿年です。

A：저는 2004년생이에요.　私は 2004 年生まれです。

B：④ ＿＿＿＿＿＿＿年生まれです。

가 : 이름이 뭐예요?　名前は何ですか。

나 : 제인이에요.　ジェインです。

가 : 어디에서 왔어요?　どこから来ましたか。　＊ーから 에서

나 : 미국에서 왔어요.　アメリカから来ました。

가 : 제인은 몇 학년이에요?　ジェインは何年生ですか。

나 : 1 학년이에요.　1年生です。

---

① 가 : 이름이 뭐예요?

　　나 : ＿＿＿＿＿＿＿＿＿＿＿.

　　가 : 어디에서 왔어요?

　　나 : ＿＿＿＿＿＿＿＿＿＿＿.

　　가 : ＿＿＿＿＿＿＿＿는/은 몇 학년이에요?

　　나 : 　　　학년이에요.

② 가 : 이름이 뭐예요?

　　나 : ＿＿＿＿＿＿＿＿＿＿＿.

　　가 : 어디에서 왔어요?

　　나 : ＿＿＿＿＿＿＿＿＿＿＿.

　　가 : ＿＿＿＿＿＿＿＿는/은　몇 학년이에요?

　　나 : ＿＿＿＿학년이에요.

第6課	몇 시에 만나요?　固有数詞　時間　曜日

① A: 콘서트는 언제예요?

② B: 다음 주 수요일이에요.

③ A: 몇 시부터예요?

④ B: 오후 4시부터예요.

⑤ A: 우리는 몇 시에 만나요?

⑥ B: 오후 3시에 산노미야 역에서 만나요.

訳 🖊

① コンサートはいつですか。　② 来週水曜日です。

③ 何時からですか。　④ 午後4時からです。

⑤ 私たちは何時に会いますか。⑥ 午後3時に三宮駅で会いましょう。

語彙・表現 🖊

콘서트	コンサート	다음	주来週	언제	いつ
수요일	水曜日	시	時	부터	から
우리	私たち	만나요	会います	오후	午後
산노미야	さんのみや	역	駅	–에서	(– で、場所)

1 固有数詞

1	2	3	4	5	6	7	8	9	10	11
하나	둘	셋	넷	다섯	여섯	일곱	여덟	아홉	열	열하나
한	두	세	네							열한
12	20	30	40	50	60	70	80	90	99	100
열둘	스물	서른	마흔	쉰	예순	일흔	여든	아흔	아흔아홉	백
열두	스무									

① 固有数詞に助数詞がつくとき、1、2，3，4，20は形が変わります。

⭐ 例

1時 한시　　　2時 두시　　　　3時 세시

4時 네시　　　11時 11시…

20歳 스무살

② 時刻を表すときには、「時」には、固有数詞、「分、秒」には、漢数詞を使います。

⭐ 例

1時15分 한시 십오분

③ 助数詞

시	시간	개	살	명	장	마리	권	번
時	時間	個	才	名	枚	匹	冊	回

② 時間に関する単語 시간

昨日	今日	明日	朝	昼	晩
어제	오늘	내일	아침	점심	저녁
先週	今週	来週	先月	今月	来月
지난 주	이번 주	다음 주	지난 달	이번 달	다음 달
午前	午後	毎日	昨年	今年	来年
오전	오후	매일	작년	올해	내년

③ -부터　（助詞）-から：時間、順序

時間の「（いつ）から（いつ）まで）」は、「-부터　-까지」を使います。
場所の「（どこ）から（どこ）まで」」は、「-에서　-까지」を使います。

⭐ 例

① 1시부터 4시까지 알바(아르바이트)를 해요.　　　（時間）
　　1時から4時までアルバイトをします。

② 학교에서 역까지 가요.　　　（場所）
　　学校から駅まで行きます。

練習 ✏ 韓国語に書き読んでみましょう。

① 何時何分ですか。

_____

② 午前2時です。

_____

③ 午後3時45分です。

_____

④ いつから休みですか。 （休み 휴가）

_____

⑤ 今年、何才ですか。

_____

⑥ 20才です。

_____

⑦ 2個ください。（주세요 ください）

_____

⑧ 何名ですか。

_____

⑨ 本が 11 冊あります。

_____

⑩ 水曜日の午後 1 時から 2 時 30 分までです。

_____

4 요일　曜日

月曜日	火曜日	水曜日	木曜日	金曜日	土曜日	日曜日
월요일	화요일	수요일	목요일	금요일	토요일	일요일

練習 ✏ 次の質問を韓国語に書き、答えも書きなさい。

① 今日は何曜日ですか。

_____

② 明日は何曜日ですか。

_____

③　来月１５日に約束はありますか。

_____

④　いつ韓国語の授業はありますか。

_____

⑤　来週月曜日は何月何日ですか。

_____

⑥　韓国語の授業は何曜日にありますか。

_____

⑦　今週木曜日午後８時に会いましょう。

_____

⑧　月曜日と金曜日に授業があります。

_____

⑨　今年は何年ですか。

_____

⑩　火曜日の夜です。

_____

가 : 내일 저녁에 약속이 있어요? (明日夜に約束がありますか。)

나 : 네, 내일 저녁에 약속이 있어요. (はい、明日の夜に約束があります。)

가 : 그럼 언제 시간이 있어요? (では、いつ時間がありますか。)

나 : 다음 주 수요일에 시간이 있어요. (来週水曜日に時間があります。)

会話・ティケット売り場で ✎

A : k-pop 공연이요? 몇 월 며칠 공연이에요?
　　(k-pop 公演ですか。何月何日の公演ですか。)

B : ____월(月)_____일(日)이에요.(です。)

A : 몇 장 드릴까요? (何枚要りますか。)

B : _____(固有数詞)　장(枚)주세요.(ください。)

第7課　오늘은 친구를 만나요.　「 – 아/어요体」

---

① 오늘은 친구를 만나요.　② 친구하고 쇼핑해요.
③ 점심을 같이 먹어요.　④ 비빔밥을 먹어요.
⑤ 비빔밥은 맛있어요.　⑥ 커피도 마셔요.

訳

① 今日は友達に会います。　② 友達とショッピングします。
③ 昼（ごはん）を一緒に食べます。　④ ビビンバを食べます。
⑤ ビビンバはおいしいです。　⑥ コーヒーも飲みます。

語彙・表現

＊ –를/을 만나요.　– に会います。日本語と助詞が違うので注意。
友達　친구　　　　–하고　– と（同じ意味で – 와/과、– 랑/이랑がある）
쇼핑　ショッピング　　一緒に　같이 [가치] (＊発音に注意)
–を　–를/을　　　비빔밥　ビビンバ　　　　맛있어요　おいしいです
–도　– も　　　　커피　コーヒー　　　　마셔요　飲みます

文法

▮ 丁寧形の「-아/어요体」

－です、ますという丁寧形を作る方法は、基本形の最後の語尾【-다】を取ります。

韓国語の動詞、形容詞、存在詞の基本形は、最後の語尾が【-다】であります。その【-다】を取って最後の文字の形が終声で終わるか母音で終わるのかで活用が変わります。

I 終声（パッチム）が有る（子音で終わる）時

> 終声（パッチム）が有る時 ➡ その文字の母音が「ㅏ , ㅓ」の時　　＋　아요
>
> 　　　　　　　　　　　その文字の母音が「ㅏ , ㅓ」以外の時　＋　어요

☆ 例

먹다（食べる、基本形）➡　먹　＋　어요（食べます）

좋다（良い、基本形）➡　좋　＋　아요（良いです）

졸다（居眠りする、基本形）➡　졸　＋　아요（居眠りします）

練習 🖊 次の基本形を丁寧形「-아/어요体」に変えなさい。

	基本形	丁寧形		基本形	丁寧形
1	만들다 作る		2	없다 ない、いない	
3	놀다 遊ぶ		4	많다 多い	
5	적다 少ない		6	받다 受ける	
7	괜찮다 大丈夫だ		8	읽다 読む	
9	있다 ある、いる		10	맛있다 おいしい	
11	살다 住む		12	찾다 探す	
13	많다 多い		14	믿다 信じる	
15	즐기다 楽しむ		16	앉다 座る	
17	작다 小さい		18	같다 同じだ	
19	싫다 嫌だ		20	넘다 超える	
	基本形	疑問形			疑問形
1	남다 残る		6	잡다 とる	
2	얻다 得る		7	짓다 建てる	
3	깎다 削る		8	높다 高い	
4	늦다 遅い		9	졸다 居眠りする	
5	벗다 脱ぐ		10	맞다 合う	

Ⅱ　終声（バッチム）がない（中声、母音で終わる）とき

> 終声（バッチム）がない（中声、母音で終わる）とき（母音縮約が起こる）
> ①　最後の文字の母音が「ㅏ , ㅓ , ㅕ , ㅐ , ㅔ」＋　요
> ②　母音の形が変わる場合：
> 最後の文字の母音が「ㅗ , ㅜ , ㅣ , ㅚ」　➡　「ㅘ ㅝ ㅕ ㅙ」＋　요
> ③　 -하다は　➡　해요になる。

練習　✎　**基本形を丁寧形の「-아/어요体」に変えなさい。**

-아 / 어	-아 / 어요	基本形　　→丁寧形
ㅏ ➡ ㅏ	가다 ➡ 가요	만나다　➡
ㅓ ➡ ㅓ	서다 ➡ 서요	나서다　➡
ㅕ ➡ ㅕ	켜다 ➡ 켜요	펴다　➡
ㅐ ➡ ㅐ	내다 ➡ 내요	보내다　➡
ㅗ ➡ ㅘ	오다 ➡ 와요	보다　➡
ㅜ ➡ ㅝ	세우다 ➡ 세워요	키우다　➡
ㅣ ➡ ㅕ	이기다 ➡ 이겨요	마시다　➡
ㅚ ➡ ㅙ	되다 ➡ 돼요	안되다　➡
하 ➡ 해	하다 ➡ 해요	공부하다　➡

★ 特別な例

-이다（-だ、である）	バッチムがない時　＋　예요
	バッチムがある時　＋　이에요

練習 🖊 **基本形を丁寧形の「-아/어요体」に変えなさい。**

	基本形	丁寧形		基本形	丁寧形
1	건너가다 渡る		2	보다 見る	
3	타다 乗る		4	나오다 出てくる	
5	나가다 出ていく		6	배우다 習う	
7	끝나다 終わる		8	가르치다 教える	
9	보내다 送る		10	세우다 建てる	
11	지내다 過ごす		12	지우다 消す	
13	비싸다 高い		14	시다 酸っぱい	
15	짜다 しょっぱい		16	지다 負ける	
17	자다 寝る		18	연습하다 練習する	
19	차다 冷たい		20	공부하다 勉強する	
21	못하다 下手だ		22	잘하다 上手だ	

㉰ 助詞

① -하고 -と （同じ意味で -와/과、-랑/이랑表現がある）

② -를/을 -を

③ -도 -も

④ ＊ -를/을 만나요. -に会います。

括弧の中に助詞「-에」、「-와/과」、「-는/은」、「-가 / 이」、
「-를/을」、「-에서」のいずれかを入れなさい。

① 동생 (　　　) 중학생입니다. (弟は中学生です)

② 아버지 (　　　) 회사원입니다. (父は会社員です)

③ 점심 (　　　) 먹습니다. (昼食を食べます)

④ 한국어 (　　　) 가르칩니다. (韓国語を教えます)

⑤ 백화점 (　　　) 삽니까? (百貨店で買いますか)

⑥ 지우개 (　　　) 있습니다. (消しゴムがあります)

⑦ 문제 (　　　) 어렵습니다. (問題が難しいです)

⑧ 친구 (　　　) 같이 이야기해요. (友達と一緒に話します)

⑨ 학교 (　　　) 가요. (学校に行きます)

⑩ 한국어 (　　　) 공부합니다. (韓国語を勉強します)

1．A：오늘 뭐 해요? （今日何をしますか。）

2．B：아침에는 집안 청소를 해요. （朝は家の掃除をします。）

3．B：그리고 （そして）….. 例を参考に自分で作成してみてください。

⭐ 例

친구와 점심을 먹어요. （友達とランチを食べます。）

안 좋아해요. 否定形 안-, -지 않아요.

① A:지유씨, 토마토주스를 좋아해요?

② B:아뇨, 안 좋아해요. 저는 커피를 좋아해요.

③ A:그래요? 그럼 홍삼차는 좋아해요?

④ B:아뇨, 좋아하지 않아요. 못 먹어요.

訳 ✎

① ジユさん、トマトジュースが好きですか。

② いいえ、好きではありません。私はコーヒーが好きです。

③ そうですか。では、高麗人参茶は好きですか。

④ いいえ、好きではありません。飲めません。

語彙・表現 ✎

토마토주스　トマトジュース　　　홍삼차　高麗人参茶

그래요?　そうですか　　　　　　그럼　では

-를/을　좋아하다　が好きです

文法 ✎

1 否定形　-ません

動詞や形容詞の否定形は 2 つあります。

① 안　＋　-아/어요.

⭐ 例

먹다（食べる）➡ 안 먹어요（食べません）

가다（行く）➡ 안 가요（行きません）

ただし、-하다動詞の場合は、名詞と「하다」の間に「안」を置きます。

⭐ 例

공부하다（勉強する）➡ 공부 안 해요.（○）안 공부해요（✖）

연락하다（連絡する）➡ 연락 안 해요.（○）안 연락해요（✖）

② -지 않아요.

基本形の [다] を取って、-지 않아요. を付けます。

⭐ 例

공부하다（勉強する）　➡ 공부하지 않아요.（勉強しません）

먹다（食べる）　➡ 먹지 않아요.（食べません）

練習 ✏ 適切な否定形に書き、読んでみましょう。

	基本形	안 + 아/어요.		基本形	-지 않아요.
1	가다 行く		6	싫다 嫌いだ	
2	놀다 遊ぶ		7	사다 買う	
3	좋다 良い		8	높다 高い	
4	괜찮다 大丈夫だ		9	생각하다 考える	
5	사랑하다 愛する		10	비싸다 高い	

2 못 – できません、不可能形

① 못 + -아/어요.

⭐ 例

먹다（食べる）➡ 못 먹어요（食べられません）

가다（行く）➡ 못 가요（行けません）

ただし、-하다動詞の場合は、名詞と「하다」の間に「못」を置きます。

⭐ 例

공부하다（勉強する）➡ 공부 못 해요.（◯）

못 공부해요（X）

연락하다（連絡する）➡ 연락 못 해요.（◯）

못 연락해요（X）

② -지 못해요.

基本形の [다] を取って、-지 못해요. を付けます。

⭐ 例

공부하다（勉強する）　➡ 공부하지 못해요.（勉強出来ません）

먹다（食べる）　➡ 먹지 못해요.（食べられません）

練習 ✏ **適切な否定形に書き、読んでみましょう。**

	基本形	못 + -아/어요.		基本形	-지 못해요.
1	가다		6	가다	
2	놀다		7	놀다	
3	만나다		8	만나다	
4	참다 我慢する		9	참다	
5	사랑하다		10	사랑하다	

A : 어서 오세요. 무엇을 주문하시겠어요?

　（いらっしゃいませ。何を注文しますか。）

B : 삼겹살 2인분과 비빔밥 1개 주세요.

　<u>（サムギョプサル 2 人前</u>と<u>ビビンバ 1 つ</u>ください。）

　＊Bの人は<u>好きな食べ物</u>を入れて注文の練習をしてください。

A : <u>낫토</u>를 좋아해요? (納豆が好きですか。)
　*_____를/을 좋아해요? - が好きですか。

B : 아뇨. 낫토는 못 먹어요.(いいえ、納豆は食べられません)。）
　*못 または -지 못해요를 사용해 주세요. 不可能形

A : <u>오쿠라는</u> 먹어요? (オクラは食べますか。)

B : 네, 오쿠라는 먹어요.(はい、オクラは食べます。)

第9課	어디에 가세요?　尊敬形

① A: 어디에 가세요?

② B: 한국에 가요.

③ A: 여권은 있으세요?

④ B: 네, 여기요.

訳

① どこに行かれますか。

② 韓国へ行きます。

③ パスポートはお持ちですか。

④ はい、どうぞ。

語彙・表現

어디　どこ　　에　へ/に　　여권　パスポート

文法　尊敬形

–세요/으세요　「‐なさってください。」や「なります。」の意味。

聞き手に行動をうながす軽い命令の表現「おーください」としてもよく使います。

「？」をつけると「―なさいますか。」の疑問文になります。

バッチムがないとき（中声、母音で終わる）　+　　세요

バッチムがあるとき（終声、子音で終わる）　+　　으세요

＊「ㄹ」バッチムのとき、ㄹが脱落　　　　+　　세요

⭐ 例

가다（行く）→ 세요　（お行きください）

받다（受ける）→ 받으세요　（お受けください）

練習 🖊 **以下の基本形を尊敬形にしなさい。**

1	만들다 作る		2	없다 ない	
3	놀다 遊ぶ		4	찾다 探す	
5	오다 来る		6	좋다 良い	
7	괜찮다 大丈夫だ		8	읽다 読む	
9	있다 ある		10	맛있다 おいしい	

練習 🖊 **以下の基本形を尊敬形の疑問文にしなさい。**

1	모르다 知らない		2	타다 乗る	
3	놀다 遊ぶ		4	찾다 探す	
5	믿다 信じる		6	앉다 座る	
7	괜찮다 大丈夫だ		8	읽다 読む	
9	웃다 笑う		10	맛없다 まずい	

I

① 運転手： 어디 (에) 가십니까? （どこへ行かれますか。）

客： <u>강남역</u> (에) 가 주세요.

（_____へ行ってください。___行きたい場所名）

② 運転手： 어디 (에) 가세요? （どこへ行かれますか。）

客： <u>강남역</u> (에) 부탁합니다.

（___へ行ってください。お願いしますの意味、___行きたい場所名）

II

① 運転手： 어디 (에) 가세요? （どこ行かれますか。）

客： _____(에) 가 주세요.

（___へ行ってください。___行きたい場所名）

② 運転手： 손님_____입니다.

客： 여기서 내려주세요. 감사합니다.

（ここで止めてください。ありがとうございます。）

第10課　어제 어디 갔어요?　過去形

会話 ✏

① A : 어제 어디 갔어요?
② B : 친구와 쇼핑하고 점심을 먹으러 갔어요.
③ A : 뭘 먹었어요?
④ B : 친구와 같이 비빔밥하고 치즈떡볶이를 먹었어요.

訳 ✏

①昨日どこに行きましたか。
②友達とショーピングしてランチを食べに行きました。
③何を食べましたか。
④友達と一緒にビビンバとチーズトッポギを食べました。

文法 ✏

▶ 丁寧形の「-아/어요体」の過去形

終声（バッチム）が有る（子音で終わり）時 ➡
その文字の母音が「ㅏ , ㅓ 」の時　＋았어요
その文字の母音が「ㅏ , ㅓ」以外の時 ＋ 었어요

⭐ 例

먹다（食べる、基本形）➡　먹＋었어요（食べました）
좋다（良い、基本形）➡　좋＋았어요（良かったです）
졸다（居眠りする、基本形）➡　졸 ＋ 았어요（居眠りしました）

練習 🖊 **次の基本形を丁寧形「아요/어요体」の過去形に変えなさい。**

1	만들다 作る		2	없다 ない、いない	
3	놀다 遊ぶ		4	많다 多い	
5	적다 少ない		6	받다 受ける	
7	괜찮다 大丈夫だ		8	읽다 読む	
9	있다 ある、いる		10	맛있다 おいしい	

終声（パッチム）がない（中声、母音で終わる）とき．（母音縮約が起こる）

① 最後の文字の母音が「ㅏ, ㅓ, ㅕ, ㅐ, ㅔ」＋ ㅆ어요

② 母音の形が変わる場合：

最後の文字の母音が「ㅗ, ㅜ, ㅣ. ㅚ」

➡「ㅘ ㅝ ㅕ ㅙ」＋ ㅆ어요

③ －하다は ➡ 했어요

練習 🖊 **基本形を丁寧形の過去形「-아/어요体」に変えなさい。**

- 아 / 어	基本形→丁寧形の現在形 - 아 / 어요	基本形→丁寧形の過去形 母音縮約の過去形＋ ㅆ어요
ㅏ ➡ ㅏ	만나다 ➡ 만나요	만났어요
ㅓ ➡ ㅓ	나서다 ➡ 나서요	나섰어요
ㅕ ➡ ㅕ	켜다 ➡ 켜요	켰어요
ㅐ ➡ ㅐ	보내다 ➡ 보내요	보냈어요
ㅗ ➡ ㅘ	오다 ➡ 와요	왔어요
ㅜ ➡ ㅝ	세우다 ➡ 세워요	세웠어요
ㅣ ➡ ㅕ	이기다 ➡ 이겨요	이겼어요
ㅚ ➡ ㅙ	되다 ➡ 돼요	됐어요
하 ➡ 해	하다 ➡ 해요	했어요

- 이다（−だ、である）	バッチムがない時　＋　예요→　였어요
	バッチムがある時　＋　이에요→　이었어요

練習 ✏️

	基本形	過去形		基本形	過去形
1	가다		6	싫다	
2	놀다		7	사다	
3	좋다		8	높다	
4	괜찮다		9	생각하다	
5	사랑하다		10	비싸다	

⮞ -러/으러　-（し）に

動詞につけます。

> バッチムがないとき（中声、母音で終わる）　＋　러
> バッチムがあるとき（終声、子音で終わる）　＋　으러
> 「ㄹ」バッチムのとき、ㄹが脱落　　　　　　＋　러

⭐ 例

보다（見る）→　보＋러（見に）
먹다（食べる）→먹＋으러（食べに）
놀다（遊ぶ）→　놀＋러（遊びに）

3 -고 ： ―て、–して、–たり

バッチムと関係なくつけます。

⭐ 例

　가다(行く)　→　가고(行って)
　먹다(食べる)　→　먹고(食べて)

練習 ✏ **以下の基本形を変えなさい。**

	-러 / 으러	-고		-러 / 으러	-고
1	만들다		2	자다	
3	놀다		4	찾다	
5	오다		6	사다	
7	만나다		8	읽다	
9	쉬다		10	살다	

4 –하고、–와/과、–랑/이랑 ： （助詞）―と

> バッチムがないとき (中声、母音で終わる)　＋　와，　랑
> バッチムがあるとき (終声、子音で終わる)　＋　과，　이랑

–하고 ： バッチムと関係なくつけます。
–랑/이랑 ： 会話文でよく使います。

⭐ 例

　너하고　나，　너와　나，　너랑　나　（あなたと私）
　딸하고　아들，　딸과　아들，　딸이랑　아들　（娘と息子）

練習 📝 助詞「と」を使って単語と単語をつなげてください。

		- 하고	- 와 / 과	- 랑 / 이랑
1	사과と토마토			
2	사탕と구미			
3	고양이と개			
4	꿈と희망			
5	건강と행복			

練習 📝 韓国語に書き読んでみましょう。

① 昨日何時に寝ましたか。昨日어제 · 寝る자다

② 何をしましたか。

③ おいしかったですか。

④ 昨日は何しに学校に行きましたか。

⑤ 友達と会って昼食を食べました。

客 ： <u>운동화</u> 있어요? （<u>運動靴</u>ありますか。）

店員： 무슨 <u>운동화</u>를 <u>찾으세요</u>? （どんな運動靴をお探しですか。）

客 ： 테니스용 운동화예요. （テニス用運動靴です。）

店員： 사이즈가 <u>어떻게 되세요</u>? （サイズはどうですか。）

客 ： <u>235예요.</u> （23.5cmです。）

店員： 네, 잠깐만 기다리세요. （はい、少々お待ちください。）

　　　 여기 있어요. 한번 신어 보세요. （これをどうぞ。履いてみてください。）

客 ： ① 잘 맞네요. （サイズがよく合いますね。）

　　　 이걸로 주세요. （これをください。）

　　　 ② 잘 안 맞네요. （サイズがあまり合わないですね。）

　　　 하나 더 큰 사이즈로 보여 주세요.

　　　 （もう１つ大きいサイズを見せてください。）

I 文字

学籍番号　　　　　　　　　　　　名前

初声：子音（19）

子音	ㄱ	ㄴ	ㄷ	ㄹ	ㅁ	ㅂ	ㅅ	ㅇ	ㅈ	ㅊ
発音	g	n	d	r,l	m	b	s	無音	j	ch
子音	ㅋ	ㅌ	ㅍ	ㅎ	ㄲ	ㄸ	ㅃ	ㅆ	ㅉ	
発音	k	t	p	h	kk	tt	pp	ss	jj	

練習 ✏ **子音とその発音を書き発音しましょう。**

① 子音										
発音										
子音										
発音										
② 子音										
発音										
子音										
発音										

練習 ✏ **子音＋基本母音[ㅏ]を組み合わせて発音してみましょう。**

① 가　② 나　③ 다　④ 라　⑤ 마　⑥ 바　⑦ 사

⑧ 아　⑨ 자　⑩ 차　⑪ 카　⑫ 타　⑬ 파　⑭ 하

⑮ 까　⑯ 따　⑰ 빠　⑱ 싸　⑲ 짜

学籍番号　　　　　　　　　　　　　　名前

練習 ✏️　基本母音と発音を書き発音を覚えましょう。

基本母音	ㅏ	ㅑ	*ㅓ	*ㅕ	ㅗ	ㅛ	ㅜ	ㅠ	*ㅡ	ㅣ
発音	a	ya	eo	yeo	o	yo	u	yu	eu	i
①基本母音										
発音										
②基本母音										
発音										
③基本母音										
発音										
④基本母音										
発音										
⑤基本母音										
発音										

練習 ✏️　子音「　」＋　基本母音を書き発音を覚えましょう。

	ㅏ	ㅑ	*ㅓ	*ㅕ	ㅗ	ㅛ	ㅜ	ㅠ	*ㅡ	ㅣ
発音	a	ya	eo	yeo	o	yo	u	yu	eu	i
① ㅈ＋										
発音										
② ㅋ＋										
発音										
③ ㅎ＋										
発音										
④ ㄷ＋										
発音										
⑤ ㅍ＋										
発音										

学籍番号　　　　　　　　　　　名前

練習 ✏ **複合母音発音を書き発音を覚えましょう。**

複合母音	ㅔ	ㅖ	ㅐ	ㅒ	ㅘ	ㅙ	ㅚ	ㅝ	ㅞ	ㅟ	ㅢ
発音	e	ye	e	ye	wa	we	we	wo	we	wi	ui
① 複合母音											
発音											
② 複合母音											
発音											
③ 複合母音											
発音											
④ 複合母音											
発音											
⑤ 複合母音											
発音											

練習 ✏ **子音「　」＋複合母音を書き発音を覚えましょう。**

複合母音	ㅔ	ㅖ	ㅐ	ㅒ	ㅘ	ㅙ	ㅚ	ㅝ	ㅞ	ㅟ	ㅢ
発音	e	ye	e	ye	wa	we	we	w	we	wi	ui
① ㄹ＋											
発音											
② ㅂ＋											
発音											
③ ㄹ＋											
発音											
④ ㅁ＋											
発音											
⑤ ㄱ＋											
発音											

自分の名前を韓国語で書きなさい。

発音の規則

学籍番号 　　　　　　　　　　　　名前

バッチムの発音 ✏️ **以下の文字の発音を書いて発音してみましょう。**

		発音			発音
1	앞		11	낫	
2	앝		12	낮	
3	옆		13	낯	
4	억		14	낙	
5	있		15	날	
6	답		16	감	
7	닫		17	값	
8	닥		18	밖	
9	닺		19	곬	
10	닿		20	밗	

連音化 ✏️ **以下の文字の発音を書いて発音してみましょう。**

	連音化	発音		連音化	発音
1	앞에		11	같이	
2	놀이		12	굳이	
3	음악		13	이것이	
4	영어		14	걸으면서	
5	강아지		15	시험을	
6	상어		16	목적이	
7	고양이		17	많아	
8	일을		18	읽어	
9	있어		19	싫어	
10	없어		20	앉아	

発音

学籍番号　　　　　　　　　　　　　　名前

１ 以下の文字の発音を書いて発音してみましょう。

	激音化	発音		濃音化	発音
1	착하다		11	축구	
2	좋다		12	악수	
3	합하다		13	듣기	
4	앉히다		14	낮잠	
5	파랗다		15	입구	
6	곱하기		16	입장	
7	노랗다		17	입다	
8	빨갛다		18	받다	
9	그렇지		19	숙제	
10	뜻하다		20	학기	

２ 以下の文字の発音を書いて発音してみましょう。

	流音化	発音		鼻音化	発音
1	편리		11	작년	
2	관리		12	학년	
3	연락		13	국물	
4	인류		14	첫눈	
5	한류		15	옛날	
6	일년		16	낱말	
7	실내		17	업무	
8	난로		18	국내	
9	진리		19	콧물	
10	본론		20	작문	

子音と母音の発音をまとめてください。

学籍番号　　　　　　　　　　　　　名前

１ 子音を書き初声と終声（バッチム）の時の発音を書きなさい。

子音									
初声									
終声									
子音									
初声									
終声									

激音　　　　　　　　　　　　　　　濃音

２ 母音を書き発音を書きなさい。

基本母音									
発音									
複合母音									
発音									

Ⅱ　文法

第1、2課

学籍番号　　　　　　　　　　　　　　　名前

	名詞	－です。		名詞	－ですか。
1	친구		6	형	
2	선생님		7	호텔	
3	사과		8	한국어	
4	책상		9	일본	
5	아버지		10	손	
	否定形	－ではありません		否定形	－ではありませんか
1	친구		6	오빠	
2	선생님		7	엄마	
3	사과		8	이것	
4	책상		9	간호사	
5	아버지		10	표	

日本語を韓国語に書きなさい。

　　1．私は＿＿＿＿＿＿＿です。自分の名前を入れる

　　2．わたしは 이효리 ではありません。
　　_____

　　3．こんにちは。
　　_____

　　4．*バナナ*ですか。
　　_____

　　5．いいえ、先生ではありません。
　　_____

第 3、4課

学籍番号　　　　　　　　　　　　　名前

1 次に適切な助詞を書きなさい。

		- と			- は	- が
1	친구		6	사과		
2	선생님		7	형		
3	의사		8	호텔		
4	학생		9	한국어		
5	아버지		10	일본		

2 名詞＋がいます。に書きなさい。

	名詞	- がいます
1	친구	
2	선생님	
3	의사	
4	학생	
5	아버지	

3 名詞＋はありますか。に書きなさい。

		- はありますか
1	사과	
2	빵	
3	호텔	
4	지우개	
5	책상	

第 1 － 4 課まとめ

学籍番号　　　　　　　　　　　　　名前

韓国語の意味を書きなさい。🖊

	韓国語	日本語	日本語を韓国語に書きなさい。
1	－ 입니다		24.　私はアイユです。
2	－ 가 아닙니다		
3	－ 는		25.　ここは日本ではありません。
4	－ 입니까？		
5	－ 이 아닙니다		26.　パンはありますか。
6	－ 은		
7	있습니다		27.　バナナはありません。
8	－ 가		
9	없습니다		28.　先生はいません。
10	－ 이		
11	－ 에		29.　私は先生と学校にいます。
12	이		
13	－ 하고		30.　その人は学生ですか。
14	그		
15	－ 와		31.　どこに学校がありますか。
16	저		
17	－ 과		32.　花ですか。
18	무엇		
19	어디		33.　名前は何ですか。
20	어느		
21	－ 도		34.　机ではありません。
22	여기		
23	저는		

第5課　数詞

学籍番号　　　　　　　　　　　　　名前

1 漢数詞　0から億まで書きなさい。

0	1	2	3	4	5	6	7	8
/								

9	10	11	12	99	百	千	万	億

2 년 年　월 月を書きなさい。

1월	5월	9월	2024 年
2월	6월	10 월	2030 年
3월	7월	11 월	150 年
4월	8월	12 월	1年

3 漢数詞を使って書きなさい。

1限	2階	3回	1億	5番	一万円

7千	20歳	9日	10月	5秒	12分

4 요일　曜日を書きなさい。

月曜日	火曜日	水曜日	木曜日	金曜日	土曜日	日曜日

5 電話番号を韓国語で書きなさい。
① 0120 － 8282 － 555
② 010 － 1720 － 0626
③ 090 － 7463 － 0119

第6課　数詞

学籍番号　　　　　　　　　　　　名前

1 空欄に固有数詞を書き入れなさい。

1	2	3	4	5	6	7	8	9	10	11
한	두	세	네							열한

12	20	30	40	50	60	70	80	90	99	100
열두	스무									

2 固有数詞を使って時間を書きなさい。

1時	2時	3時	4時	5時	6時

7時	8時	9時	10時	11時	12時

3 数詞を使って韓国語で書きなさい。

① 1時

② 12時

③ 4時30分

④ 15個

⑤ 11枚

⑥ 1万円

⑦ 6月25日

⑧ 10月9日

⑨ 20歳

⑩ 57歳

第7課　丁寧形 - 아 / 어요体

学籍番号　　　　　　　　　　　　名前

1 母音縮約　基本形　-다　　　丁寧形　-아/어요体

- 아 / 어		- 아요 / 어요		基本形 → 丁寧形	
ㅏ ➡		가다 ➡		만나다 ➡	
ㅓ ➡		서다 ➡		나서다 ➡	
ㅕ ➡		켜다 ➡		펴다 ➡	
ㅐ ➡		내다 ➡		보내다 ➡	
ㅗ ➡ ㅘ		오다 ➡		보다 ➡	
ㅜ ➡ ㅝ		세우다 ➡		키우다 ➡	
ㅣ ➡ ㅕ		이기다 ➡		마시다 ➡	
ㅚ ➡ ㅙ		되다 ➡		잘되다 ➡	
하 ➡ 해		하다 ➡		공부하다 ➡	

2 次の基本形を　-아/어요体にしなさい。

	基本形	- 아 / 어요体		基本形	- 아 / 어요体
1	싫어하다		16	먹다	
2	운동하다		17	놀다	
3	좋아하다		18	받다	
4	일하다		19	앉다	
5	없다		20	있다	
6	벗다		21	연락하다	
7	찾다		22	편리하다	
8	신다		23	좋다	
9	걸다		24	좁다	
10	열다		25	적다	
11	많다		26	작다	
12	같다		27	재미있다	
13	사랑하다		28	재미없다	
14	일어나다		29	심심하다	
15	공부하다		30	시작하다	

第8課　否定形

学籍番号　　　　　　　　　　　　　名前

1 否定形にしなさい。

	基本形	안 + - 아/어요.		基本形	--지 않아요.
1	만들다		6	쉬다	
2	받다		7	싸다	
3	좋아하다		8	낮다	
4	읽다		9	공부하다	
5	사랑하다		10	적다	

2 不可能形にしなさい。

	基本形	못 + - 아/어요.		基本形	--지 못 해요.
1	신다		6	타다	
2	열다		7	보내다	
3	나오다		8	깨우다	
4	빌리다		9	자다	
5	일어나다		10	세다	

3 尊敬形にしなさい。

	基本形	-세요/으세요		基本形	-세요/으세요
1	만들다 作る		6	없다 ない	
2	놀다 遊ぶ		7	찾다 探す	
3	오다 来る		8	좋다 良い	
4	괜찮다 大丈夫だ		9	읽다 読む	
5	맛있다 おいしい		10	있다 ある	

第10課　過去形

学籍番号　　　　　　　　　　　　　名前

❶ 基本形　　　　　丁寧形の-아/어요体の過去形

① ㅏ+ㅏ→ （　）：(例) 자다 (寝る) →
② ㅓ+ㅓ→ （　）：(例) 서다 (立つ) →
③ ㅐ+ㅓ→ （　）：(例) 지내다 (過ごす) →
④ ㅕ+ㅓ→ （　）：(例) 펴다 (広げる) →
⑤ ㅣ+ㅓ→ （　）：(例) 내리다 (降りる) →
⑥ ㅔ+ㅓ→ （　）：(例) 세다 (数える) →
⑦ ㅗ+ㅏ→ （　）：(例) 오다 (来る) →
⑧ ㅜ+ㅓ→ （　）：(例) 지우다 (消す) →
⑨ -이다 (-だ、である)：バッチムがない時 ＋
　　　　　　　　　　　　　バッチムがある時 ＋
⑩ -하다 (する、言う)：
⑪ -되다 (なる、される)：

❷ 過去形にしなさい。

	基本形	-아 / 어요体		基本形	-아 / 어요体
1	싫어하다		16	먹다	
2	운동하다		17	놀다	
3	좋아하다		18	받다	
4	일하다		19	앉다	
5	없다		20	있다	
6	벗다		21	연락하다	
7	찾다		22	편리하다	

まとめドリル　111

8	신다		23	좋다	
9	걸다		24	좁다	
10	열다		25	적다	
11	많다		26	작다	
12	같다		27	재미있다	
13	사랑하다		28	재미없다	
14	일어나다		29	심심하다	
15	공부하다		30	시작하다	

저자 소개
著者紹介

許　智仁

韓国ソウル生まれ
現在京都経済短期大学等で韓国語を担当

K-韓国語 基礎

発 行 日   2023年 12月 29日

著   者   許智仁
編   集   金善敬
発 行 人   中嶋 啓太

発 行 所   博英社
　　　　　　〒 370-0006 群馬県 高崎市 問屋町 4-5-9 SKYMAX-WEST
　　　　　　TEL 027-381-8453 / FAX 027-381-8457
　　　　　　E・MAIL hakueisha@hakueishabook.com
　　　　　　HOMEPAGE www.hakueishabook.com

ISBN   978-4-910132-54-9

＊乱丁・落丁本は、送料小社負担にてお取替えいたします。
＊本書の全部または一部を無断で複写複製(コピー)することは、著作権法上での例外を除き、禁じられています。

定   価   2,200円 (本体 2,000円)